**Género** Fantasía

## Pregunta esencial

**¿Qué te enseñan los cuentos?**

# ¡A nadar!

**Sebastián Olaso**
**ilustrado por Henry González**

I0806004

## Capítulo 1

# El torneo de natación

Aquel pueblo bellísimo tenía una piscina enorme. Una piscina climatizada con agua fresca en verano y agua tibia en invierno.

Los niños que vivían en el pueblo iban a la piscina para nadar y jugar.

La entrenadora se llamaba Tiana. Gracias a ella, todos los niños eran excelentes nadadores. Todos los niños menos uno, porque Okina decía que la piscina era un agujero misterioso. Entonces se sentaba en un lugar donde las gotas no pudieran salpicarlo y soñaba que el agua era nada más que para beber o darse una ducha, pero no para jugar. Definitivamente, el agua no era para Okina.

—¡No temas, Okina! El agua es muy bella —decía su hermana.

Una fría tarde de otoño, Tiana reunió a los niños.

—Se realizará un torneo nacional de natación —les dijo—. Dos de ustedes representarán a nuestro pueblo. Vamos a entrenarnos durante estas semanas para ver quiénes nos representarán en el torneo.

Los niños se entusiasmaron. La idea de participar del torneo los inspiró para trabajar duro y progresar. Inspiró a todos menos a Okina, que tuvo mucho miedo.

—¡Quiero verte en la competencia, Okina! —dijo su hermana—. ¿Te inscribirás?

—Tú también te entrenarás, Okina, será una buena oportunidad para descubrir que eres capaz de nadar —dijo Tiana.

La pequeña Keiko se acercó a Okina y lo abrazó suavemente:

—No temas, todos te ayudaremos —le dijo.

—¡Vamos, Okina! —lo alentó su hermana—. No tienes circuitos integrados, no eres un robot, ¡no te oxidarás!

## Capítulo 2

# Las gafas de Keiko

Entonces, Tiana primero trajo un salvavidas, luego una cuerda y, por último, una tabla flotante fabricada con corcho. Pero nada sirvió. Era imposible arrancar a Okina de su sitio. Cada vez se sentaba a mayor distancia del agua y temblaba cuando escuchaba el ruido de las brazadas de los otros niños.

—¡Ven, Okina! —lo llamaba su hermana desde el centro de la piscina.

Damián y Craig, sus mejores amigos, ya sabían nadar en estilo mariposa. Okina tenía muchas ganas de divertirse con ellos, pero la idea de sumergirse no le gustaba.

—¡Ven a nadar con nosotros! —exclamó Damián.

—Si no vienes, te empujaré hasta la piscina —le dijo Craig.

Okina sabía que sus amigos no iban a empujarlo, pero igual tembló de miedo.

—¡Damián y Craig son tus amigos! —dijo su hermana—. ¡Te divertirás con ellos!

Una tarde, Keiko llegó a la piscina con sus nuevas gafas de natación. Se lanzó al agua para nadar un poco, pero algo sucedió.

Keiko se había quedado estática en medio de la piscina, solo sacaba la cabeza para respirar y luego volvía a hundirse una y otra vez.

Damián se deslizó como un cocodrilo hacia donde estaba la niña, la tomó por el brazo y le preguntó si estaba bien.

—¡No estamos en una piscina... estamos en el mar! —exclamó Keiko emocionada acomodándose las gafas.

—¿Te sientes bien, Keiko?

—Sí, Damián. ¡Nunca me he sentido mejor, el agua es adorable!

—¡Sí, el agua es adorable! ¡Oye a Keiko, Okina, ella tiene razón! —dijo la hermana de Okina.

| Detective del lenguaje | ¿Reconoces alguna oración interrogativa en esta página? ¿Cuál es y cómo la reconoces? |
|---|---|

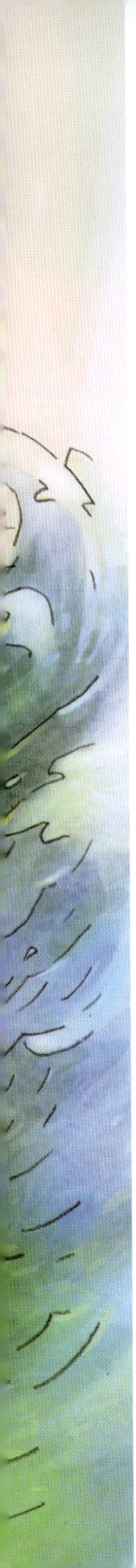

Todos se reunieron en círculo alrededor de Keiko. Algunos hasta dijeron que querían que el oculista les recetara unas gafas así.

La niña contó detalles de lo que había visto: un banco de coral, algas, esponjas, tiburones, pececillos multicolores, un barco hundido.

Craig se puso a saltar y dijo:

—Saltaré y saltaré para tomar impulso, así llegaré hasta el fondo de la piscina y nadaré entre los corales.

Por brincar de ese modo, Craig tiró sus gafas de natación al suelo, las pisó y las destrozó.

—¡Ten cuidado, Craig! —dijo la hermana de Okina.

Tiana le pidió a Craig que nadara en estilo mariposa. Como sus gafas estaban rotas, Keiko le prestó las suyas.

El niño se arrojó al agua y ¡zas! Ya no quedaban dudas. ¡Keiko tenía razón! Craig vio el fondo del mar. ¡Y hasta vio un cofre que parecía tener un tesoro! Tomó aire, abrió bien los ojos y se hundió en busca del tesoro.

Pero no lo alcanzó.

A medida que Craig se hundía, el barco parecía estar más lejos. Cuando ya no le quedaba más aire en los pulmones, volvió a la superficie.

—¡Keiko tenía razón! —gritó.

—¿Keiko tenía razón? —preguntó Okina.

—¿Vieron? Yo tenía razón —dijo Keiko con firmeza.

—¡Yo siempre supe que tú tenías razón, Keiko! —dijo la hermana de Okina.

| Detective del lenguaje | ¿Cómo reconoces qué clases de oraciones hay en esta página? |
|---|---|

Y así fue, finalmente Keiko tenía razón. Uno a uno, todos se pusieron las gafas de natación que ella había traído y vieron el fondo del mar. Lo veían pero no lo alcanzaban. En un momento, todos los niños estaban en el agua ansiosos por ver el paisaje oceánico, pero tenían que esperar a que les tocara el turno de colocarse las gafas de Keiko.

El único que no estaba en el agua era Okina, pero ya no estaba tan lejos y poco a poco se aproximaba a la orilla de la piscina. ¿Habrá gemas, diamantes, zafiros en el cofre misterioso?

—¡Te colocas las gafas y ves el océano! —exclamó la hermana de Okina.

## Capítulo 3

# Un mundo fantástico

Todos estaban muy sorprendidos y emocionados. Okina se sentó en la orilla de la piscina y lentamente puso los pies en el agua. La sensación no le gustó porque pensaba que en el fondo de la piscina habría oscuridad, pero no se echó atrás. En un momento, todas las miradas apuntaron hacia él. Esas miradas le dieron valor.

—¿Me prestarías tus gafas, Keiko? —dijo Okina.

—¡Ven, Keiko te las prestará! —dijo su hermana.

Keiko dudó, los niños dudaron, pero Tiana no dudó.

—¡Keiko es muy generosa, claro que te las prestará!

Okina se colocó las gafas y se acostó boca abajo en la orilla de la piscina. Con el torso afuera del agua, se aferró a la escalera y hundió la cabeza.

Pero algo sucedió.

—¡No temas al agua, Okina! —lo alentó su hermana.

Okina se hundió como un buzo experimentado y nadó como un campeón. Pero eso no fue todo. Descubrió que el fondo del mar era muy bello, luminoso y emocionante. Su hermana tenía razón. Se sentía como un delfín. Nadaba hacia adelante y hacia atrás, hacia la izquierda y hacia la derecha, se hundía y regresaba a la superficie, jugaba con los niños, se perdía entre los restos del barco hundido y se sentía cada vez más alegre.

—¡Nadas como un delfín, serás el campeón del torneo! —dijo su hermana.

# Respuesta a la lectura

## Resumir

Resume lo que aprendiste acerca de lo que los cuentos pueden enseñarte. Usa el organizador gráfico para ayudarte.

| Personaje | |
|---|---|
| Deseos o necesidades | Sentimientos |
| Acciones | Características |

## Evidencia en el texto

1. ¿A qué género pertenece *¡A nadar!*? Identifica en el texto las claves para tu respuesta. **GÉNERO**

2. En la página 5, ¿qué asustaba a Okina? **PERSONAJE**

3. ¿Qué palabra de la página 12 es un sinónimo de *mar*? **SINÓNIMOS**

4. Escribe acerca de cómo cambia Okina al final del cuento. **ESCRIBIR SOBRE LA LECTURA**

**Género** **Fábula**

## Compara los textos

Lee una fábula acerca de un animal rápido y otro lento.

# LA LIEBRE Y LA TORTUGA

Hace mucho tiempo había una liebre extraordinariamente rápida y una tortuga increíblemente lenta. La liebre se burlaba de la tortuga porque era muy lenta.

—Mis patas son largas y musculosas —decía la liebre—. Tus patas son muy cortas y achaparradas, por eso no me sorprende que camines tan despacio.

—Mis patas son perfectamente adecuadas para llevarme a cualquier lugar —respondió la tortuga con calma.

—Sí, pero ¡no pueden ayudarte a ganar una carrera contra mí! —exclamó la liebre.

La tortuga decidió que era hora de probar que la liebre estaba equivocada.

—Te desafío a correr hasta el otro lado del bosque —dijo la tortuga.

La liebre comenzó a brincar, riéndose con gran satisfacción.

—Muy bien —dijo, mientras preparaba la línea de partida con ramitas.

Una multitud se reunió para ver la carrera.

—Preparados, listos, ¡ya! —gritó el ciervo.

Mientras la tortuga levantaba lentamente una pata sobre la línea de partida, la liebre desaparecía de la vista por la primera curva.

Poco después, la liebre miró sobre su hombro para ver dónde estaba la tortuga. Pero no la veía por ningún lado.

—La tortuga tardará mucho tiempo —dijo la liebre—. Me recostaré y me relajaré en el sol.

La tortuga avanzaba con paso lento y constante. Una hora después, pasó a la liebre que se había quedado profundamente dormida.

—Pobre liebre —dijo la tortuga—. Seguramente se cansó de tanto correr.

La liebre dormía cuando el ruido de la multitud que gritaba la despertó. Se levantó de un salto y corrió hacia el viejo roble, pero cuando llegó, la tortuga ya había cruzado len-ta-men-te la línea de llegada.

La tortuga miró hacia atrás, sonrió a la liebre y le dijo:

—¡Lento pero seguro!

**Moraleja:** el apuro no es importante, hay otras maneras de lograr el éxito.

## Haz conexiones

¿Cómo nos ayudan las historias a aprender de las acciones de los otros? **PREGUNTA ESENCIAL**

Compara la manera en que los personajes aprenden las enseñanzas en cada una de las historias. **EL TEXTO Y OTROS TEXTOS**

Illustration: Natalia Vasquez

Enfoque:
# Género

**Fábulas** Las fábulas se escriben para enseñar algo importante. En general, incluyen animales que hablan. Los animales en una fábula le enseñan algo importante a un ser humano o a otro animal.

**Lee y descubre** En la página 15 de *¡A nadar!* el autor compara al personaje principal con un animal para mostrar algo bueno en una persona. *La liebre y la tortuga* es una fábula donde los personajes son animales. ¿Cuál es la moraleja en ambas historias?

## Tu turno

Piensa en una historia breve que incluya un animal que habla (o algún otro personaje que no sea humano) y que deje una enseñanza. Haz un boceto que describa los personajes, el ambiente y la trama. Escribe una breve descripción de los personajes principales. Luego haz un borrador. Recuerda usar el diálogo entre los personajes. Escribe una "moraleja" o un mensaje que demuestre lo que la historia puede enseñarle al lector.

| Personaje | Ambiente | Trama |
|---|---|---|
| | | |